Meine Mutti ist toll

Shelley Admont

Illustriert von Amy Foster

www.kidkiddos.com
Copyright©2014 by S.A. Publishing ©2017 by KidKiddos Books Ltd.
support@kidkiddos.com

All rights reserved. No part of this book may be reproduced in any form or by any electronic or mechanical means, including information storage and retrieval systems, without written permission from the publisher or author, except in the case of a reviewer, who may quote brief passages embodied in critical articles or in a review.

Alle Rechte vorbehalten. Kein Teil dieses Buches darf in irgendeiner Form oder durch irgendwelche elektronischen oder mechanischen Mitteln, einschließlich Informationen Regalbediengeräte schriftlich beim Verlag, mit Ausnahme von einem Rezensenten, kurze Passagen in einer Bewertung zitieren darf reproduziert, ohne Erlaubnis.

First edition, 2016
Translated from English by Tess Parthum
Aus dem Englischen übersetzt von Tess Parthum

Library and Archives Canada Cataloguing in Publication Data
My mom is awesome (German Edition)/ Shelley Admont
ISBN: 978-1-77268-576-3 paperback
ISBN: 978-1-77268-575-6 hardcover
ISBN: 978-1-77268-574-9 eBook

Although the author and the publisher have made every effort to ensure the accuracy and completeness of information contained in this book, we assume no responsibility for errors, inaccuracies, omission, inconsistency, or consequences from such information.

Für meine großartigen Kinder-S.A.

Hallo, ich bin es, Liz.

Wusstest du, dass meine Mutti toll ist?

Nun, das ist sie! Sie ist klug und witzig, stark und geduldig, gütig und hübsch — sie ist außergewöhnlich.

„Guten Morgen, Sonnenschein! Es ist Zeit aufzustehen!", höre ich ein leises Flüstern in meinem Ohr.

Das ist meine Mutti, die mich weckt.

Sie gibt mir eine Million sanfte Küsse und umarmt mich fest, aber ich kann meine müden Augen immer noch nicht öffnen.

„Mami, ich will schlafen", murmle ich leise. „Nur noch eine Minute, bitte."

Sie gibt mir immer mehr Küsse, doch es hilft nicht.

Also trägt sie mich huckepack ins Bad. Sie ist so stark, meine Mutti.

Sie küsst und kitzelt mich weiter, bis ich heftig anfange zu lachen.

Mutti lächelt. Sie ist wirklich schön. Ich mag ihre Kleider, ihre Schuhe und wie sie ihre Haare macht.

„Kannst du mir heute etwas Schickes machen?", frage ich, mit einem Hoffnungsschimmer in meinen Augen. „Den geflochtenen Zopf, den wir gestern in der Fernsehserie gesehen haben, kannst du so etwas machen?"

Ich weiß, dass sie alles kann. Meine Mutti ist toll.

Selbst, wenn sie am Anfang nicht weiß, wie etwas geht, macht sie so lange weiter, bis es ihr gelingt. Sie gibt niemals auf.

Ich bin so begeistert, mit meiner neuen Frisur zum Unterricht zu gehen. Ich kann mir schon die Reaktion meiner Freundinnen vorstellen. Ich bin sicher, dass sie Amy gefallen wird.

„Deine Frisur ist so cool! Ich habe gestern die gleiche im Fernsehen gesehen!" Amy hüpft vor Aufregung. „Wer hat sie gemacht?"

„Meine Mutti!", sage ich stolz.

Als Amy anfängt, meine Frisur genauer zu untersuchen, schließen sich ihr immer mehr Mädchen an.

„Es ist ein umgekehrter Zopf!", verkündet Amy nach ein paar Minuten. „Mit einer Drehung!" höre ich andere Stimmen.

„Er ist so cool!" „Er sieht kompliziert aus!" „Er hat wahrscheinlich lange gedauert!"

Schließlich fragt Amy: „Kannst du deine Mutti fragen, ob sie meiner Mutti beibringt, diesen Zopf zu machen?"

„Sicher! Sie...", beginne ich zu sagen, aber die Klingel unterbricht mich und Herr Z. betritt die Klasse.

„Wir werden etwas über das Bruchrechnen lernen", sagt Herr Z., während er die Tafel mit seltsamen Zeichnungen füllt.

Warum ist das so kompliziert? Halbe, Drittel und Viertel … mein Kopf wird explodieren.

Ich gebe jedoch nicht auf, ich stelle Fragen, genau, wie meine Mutti es tun würde.

Herr Z. erklärt es noch einmal und danach zeigt er uns ein lustiges Video über Brüche.

„Als nächstes werden wir ein Spiel spielen", verkündet er. „Wir werden Brüche in unserem Klassenzimmer suchen."

Ich glaube, ich verstehe Brüche jetzt viel besser, aber ich fühle mich immer noch nicht wohl mit all diesen seltsamen Zahlen.

In der Pause laufen Amy und ich zu unserem liebsten Platz zum Spielen – dem Klettergerüst. Ich liebe es, hinaufzuklettern und kopfüber herunterzuhängen.

Aber heute verfängt sich meine Jeans auf dem Weg zum Klettergerüst irgendwie in einem Gebüsch und reißt genau an meinem Knie auf.

Ich breche fast in Tränen aus. „Das ist mein liebstes Paar Jeans. Schau, der Riss ist riesig."

Endlich bin ich zuhause und Mutti ist von der Arbeit zurück. Sie versteht immer, was ich fühle.

„Wie war dein Tag, Liebling?" Ihre Stimme klingt besorgt. Sie schließt mich in ihre Arme und fragt so lange weiter, bis ich ihr alles erzähle.

Ich verrate ihr alles über die Brüche, den Riss in meiner Jeans und wie frustriert ich bin.

Mutti findet immer eine Lösung für jedes Problem.

„Welche Form möchtest du, um deinen Riss zu überdecken? Herz oder Stern?" Natürlich wähle ich ein großes rosa Herz.

Sie näht einen herzförmigen Flicken über das Loch in meiner zerrissenen Jeans, damit niemand das Loch darunter bemerkt. Wie cool ist das denn?

„Oh danke, Mami", rufe ich glücklich. „Diese Jeans sieht jetzt so schick aus. Lass uns hier noch einen Flicken aufnähen!"

Wir arbeiten gemeinsam und gestalten mein neues, cooles Outfit.

Wir nähen zwei kleinere Herzflicken auf meine Jeans und ein größeres Herz auf mein T-Shirt.

„Schau, nun hast du eine neue Jeans und ein passendes T-Shirt", sagt sie.

„Mutti, du bist meine Heldin!", verkünde ich und umarme sie fest. Wir fangen beide laut an zu lachen.

Dann zieht sie mich in die Küche. „Es ist Zeit für etwas Süßes. Lass uns Törtchen machen. Aber bei dieser Arbeit müssen wir Brüche anwenden."

„Hab keine Angst", sagt Mutti sanft.
„Wir schaffen das zusammen."

Ich atme tief ein und schlage Muttis großes Kochbuch auf.

„Für fünf Törtchen benötigen Sie eine viertel Tasse Mehl", lese ich.

„Wir werden fünfzehn Törtchen machen, auch für Papa", sagt Mutti, „wir brauchen also…"

„Eine dreiviertel Tasse Mehl!", rufe ich fröhlich. „Das ist einfach."

Als der Abend kommt, bringt Mutti mich in mein Bett, deckt mich mit meiner Schmetterlingsdecke zu und sagt: „Ich habe dich lieb, Mäuschen."

„Ich hab dich lieb, Mami", flüstere ich mit einem herzhaften Gähnen und lasse meine Augen zufallen. Während ich über den wunderschönen Tag nachdenke, den wir hatten, schlafe ich ein.

Ich wache am Morgen auf, weil ich warme Küsse auf meinem Gesicht spüre und eine sanfte Stimme höre: „Guten Morgen, Liebling. Es ist Zeit, aus den Federn zu kriechen."

Meine Augen sind noch geschlossen, aber ich spüre sie nah bei mir. Sie streichelt mein Haar und es fühlt sich wunderbar an.

Ich habe meine Mutti lieb. Sie ist toll. Wenn ich groß bin, will ich genauso sein wie sie!

Und weißt du was? Deine Mutti ist auch toll. Nimm sie auf jeden Fall in den Arm, um ihr zu zeigen, wie toll sie ist!

www.ingramcontent.com/pod-product-compliance
Lightning Source LLC
LaVergne TN
LVHW072116060526
838201LV00011B/247